Wetterhan

COLLECTION

DE M. LE CHEVALIER

ADOLPHE LIEBERMANN

DE WAHLENDORF

TABLEAUX MODERNES

VENTE

Les Lundi 8 et Mardi 9 Mai 1876

COMMISSAIRE-PRISEUR

Me CHARLES PILLET

10, rue de la Grange-Batelière

EXPERT

M. DURAND-RUEL

16, rue Laffitte

AVEC LE CONCOURS DE

M. FRANCIS PETIT

7, rue St-Georges.

Exemplaire de Wetterhan

CATALOGUE

DES

TABLEAUX MODERNES

COMPOSANT L'IMPORTANTE COLLECTION

DE M. LE CHEVALIER

ADOLPHE LIEBERMANN

DE WAHLENDORF

DONT LA VENTE AURA LIEU

HOTEL DROUOT, Salles nos 8 et 9

Les Lundi 8 et Mardi 9 Mai 1876

à deux heures et demie précises.

EXPOSITIONS :

PARTICULIÈRE : Le Samedi 6 Mai 1876
PUBLIQUE : Le Dimanche 7 Mai 1876

De 1 heure à 5 heures.

COMMISSAIRE-PRISEUR	EXPERT
Me CHARLES PILLET	M. DURAND-RUEL
10, rue de la Grange-Batelière.	16, rue Laffitte.

AVEC LE CONCOURS DE

M. FRANCIS PETIT,

7, rue Saint-Georges.

CONDITIONS DE LA VENTE

Elle sera faite au comptant.

Les acquéreurs payeront *cinq pour cent* en sus des adjudications.

CE CATALOGUE SE DISTRIBUE A PARIS

CHEZ

MM. CHARLES PILLET, commissaire-priseur, rue de la Grange-Batelière, 10.

DURAND-RUEL, expert, rue Laffitte, 16.

FRANÇOIS PETIT, rue Saint-Georges, 7.

A L'ÉTRANGER

La Haye,	TERSTEEG, représentant de la maison Goupil et C°, Plaats, 14.
Londres,	AGNEW et SONS, Waterloo place.
—	PILGERAM et LEFEVRE, 1, King street, Saint-James square.
Bruxelles,	ÉTIENNE LEROY, 8, rue des Chevaliers.
Berlin,	LEPKÉ, 4, unter den Linden.
Vienne,	KAESER, 2, Kartner-Ring.

Paris. — Typ. PILLET fils aîné, 5, rue des Grands-Augustins.

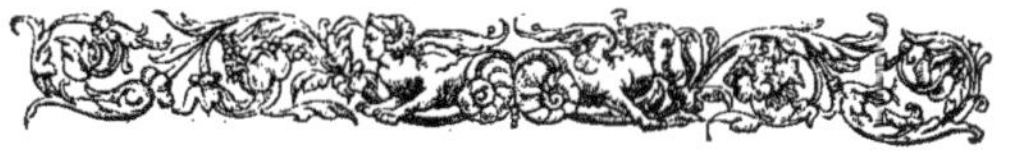

COLLECTION

LIEBERMANN

La vente de cette collection a été si brusquement décidée que nous n'avons pu, à notre grand regret, faire reproduire à l'eau-forte quelques-uns des tableaux importants qu'elle renferme, comme nous l'avons fait pour celles de MM. Van Walchren et Jacobson, bien que cette collection puisse, comme importance être comparée à ces dernières.

Nous aurions été heureux que la gravure fît apprécier comme elles le méritent les belles compositions d'André et d'Oswald Achenbach; le superbe petit tableau de Decamps : *une Armée en marche*, *la Chasse aux lions* de Delacroix ; les *Intérieurs de forêt* de Diaz et de Dupré ; la *Caravane traversant un gué* de Fromentin, une de ses plus remarquables œuvres; l'*Absolution du péché véniel* de Heilbuth; *le Joueur d'orgue* si connu de Knaus, deux bijoux précieux de Meissonier, un paysage de Théodore Rousseau, tableau complet dans toutes ses qualités ; l'*Office*, composition capitale de Saint-Jean, les beaux pâturages de Troyon; les *vues de*

Venise de Ziem, dont une est un véritable chef-d'œuvre, et enfin le tableau justement célèbre de Vautier : *la Rixe apaisée*.

Il faut citer encore les œuvres de moindre importance, mais offrant néanmoins un grand intérêt, de Breton, Boldini, Comte, Gallait, Gérôme, Isabey, Leys, Madou, Makart, Pettenkofen, Robert-Fleury, Roybet, Schreyer et bien d'autres, car les cent tableaux de cette collection ont été choisis avec le goût le plus parfait.

A l'énumération, forcément un peu sèche, que nous venons de faire en parcourant ce catalogue, nous sommes heureux de pouvoir joindre une appréciation très-juste sur ce remarquable ensemble publiée par M. Emile Bergerat dans le *Journal officiel* du 11 avril 1876.

Francis PETIT.

DÉSIGNATION

ACHENBACH

(ANDRÉ)

1. *Le Torrent.*

Un torrent dont les eaux tombent en cascade au milieu des rochers traverse un riche paysage boisé; à droite et à gauche, quelques habitations.

Daté 1868.

Haut., 69 cent.; larg., 98 cent.

ACHENBACH

(ANDRÉ)

2. *Paysage : le moulin à eau.*

Un troupeau de bœufs vient de traverser un petit pont de bois situé au bas d'une chute d'eau qui alimente le moulin.

Daté 1869.
Haut., 50 cent. ; larg., 38 cent.

ACHENBACH

(ANDRÉ)

3. *Marine, après un naufrage.*

Effet de soleil dans un ciel d'orage ; au loin un navire désemparé ; sur le devant les épaves d'un naufrage.

Daté 1853.
Haut., 31 cent. ; larg., 40 cent.

ACHENBACH

(OSWALD)

4. *Une rue de Naples.*

La rue est remplie d'un grand nombre de figures : femmes, enfants, marchands, moines et prêtres vont et viennent; un escamoteur qui s'est placé au milieu de la chaussée arrête autour de lui une foule de passants.

Haut., 1 m. 27 cent.; larg., 1 m. 09 cent.

ACHENBACH

(OSWALD)

5. *Vue de Naples.*

Au premier plan la plage ; plus loin, la mer avec des barques aux formes variées; au fond le Vésuve.

Haut., 36 cent.; larg., 54 cent.

DELL'ACQUA

(CESARE)

6. *Femme d'Orient assise sur un divan et prenant le café.*

Figure à mi-corps.

Daté 1869.
Haut., 92 cent.; larg., 71 cent.

ANTIGNA

7. *Seule à la maison.*

Haut., 52 cent.; larg., 38 cent.

BAKKER-KORFF

8. *Une demande indiscrète.* 2500

Intérieur hollandais.

Haut., 18 cent.; larg., 23 cent.

BERCHÈRE

9. *Caravane en marche traversant un gué.* 550 —

Daté 1869.

Haut., 32 cent.; larg., 39 cent.

BOLDINI

10. *Le Départ pour la promenade en gondole à Venise.*

Tableau plein de soleil et de mouvement.

Haut., 29 cent.; larg., 45 cent.

BRETON

(JULES)

11. *Faneuses.*

Composition d'un grand charme de couleur et d'une grande finesse d'exécution.

Daté 1859.
Haut., 81 cent.; larg., 65 cent.

CALAME

1840 —

12. *Ruines d'un temple en Italie.*

Vente *Calame.*

Haut., 35 cent.; larg., 50 cent.

CALAME

13. *Vue de Suisse.*

1600 —

Un groupe de vieux chênes ombrage un cours d'eau, effet de soleil.

1600 —

Haut , 15 cent.; larg., 17 cent.

CALAME

14. *Paysage de Suisse.*

Vente *Calame.*

Haut., 42 cent.; larg., 55 cent.

CHAPLIN

15. *Jeune fille au bain.*

Une jeune fille debout, vue de dos, se dispose à se baigner dans l'eau d'un étang au milieu d'un bois; une foule d'amours qui l'entourent tirent à eux le vêtement rose qui la recouvrait; un autre amour vole dans les airs, un flambeau à la main.

Haut., 46 cent.; larg., 27 cent.

CHAVET

16. *Deux amateurs.*

L'un est assis, l'autre debout; ils semblent discuter sur un dessin qu'ils viennent de sortir d'un portefeuille.

Haut., 21 cent.; larg., 16 cent.

CHAVET

17. *Violoncelliste.*

Petit intérieur charmant de coloration.

Daté 1856.
Haut., 08 cent.; larg., 12 cent.

COMTE

18. *Henri III et le duc de Guise à Blois.*

Ils se rencontrent au pied du grand escalier du château de Blois avant d'aller communier ensemble à l'église Saint-Sauveur, le 22 décembre 1588, veille du jour où le duc de Guise fut assassiné.

Esquisse terminée du tableau du musée du Luxembourg.

Haut., 36 cent.; larg., 49 cent.

COROT

19. *Paysage au printemps.*

Un ruisseau coule à travers un bois touffu au fond, par une éclaircie à l'horizon, on aperçoit le ciel.

Haut., 60 cent.; larg., 45 cent.

DAUBIGNY

20. *Paysage, environs d'Auvers.*

La rivière est bordée de grands arbres et de maisons. Effet de matin.

Daté 1863.
Haut., 37 cent.; larg., 67 cent.

DAUBIGNY

21. *Le Cours de la Marne.*

Petit chantier de constructeur de bateaux au bord de la rivière.

Daté 1865.

Haut., 38 cent.; larg., 65 cent.

DECAMPS

22. *Armée en marche.*

Tout un corps d'armée du moyen âge traverse une rivière; les cavaliers et les chariots de bagages passent sur un pont qui se détache en silhouette sur le soleil couchant; plusieurs soldats se sont engagés à pied dans les eaux basses de la rivière.

Les deux figures du premier plan ont été ajoutées par Pettenkofen.

Haut., 25 cent.; larg., 40 cent.

DE DREUX

(ALFRED)

23. *Portrait équestre du duc d'Orléans.*

Esquisse.

Haut., 24 cent.; larg., 18 cent.

DELACROIX

(EUGÈNE)

24. *Chasse aux lions.*

Des cavaliers turcs sont surpris par un lion et une lionne; la mêlée est furieuse, hommes et chevaux sont renversés sous l'étreinte des animaux. Un cavalier monté sur un cheval blanc arrive au secours des chasseurs et perce le lion de son yatagan.

Tableau superbe de ton et d'un mouvement admirable.

Daté 1855.

Haut., 55 cent.; larg., 73 cent.

DELACROIX

(EUGÈNE)

25. *La Mort d'Hassan.*

« Il est étendu sur la terre, le visage tourné
« vers le ciel; son œil encore ouvert menace
« son ennemi, comme si la mort y avait
« laissé survivre la haine. »

(*Le Giaour,* LORD BYRON.)

Haut., 32 cent.; larg., 40 cent.

DIAZ

26. *Intérieur de forêt.*

Le soleil qui passe à travers les branches des arbres éclaire vivement une partie de la forêt.

Au premier plan, une mare et des femmes ramassant du bois.

Daté 1864.

Haut., 68 cent.; larg., 90 cent.

DIAZ

27. *Sous bois, dans la forêt de Fontainebleau.*

Haut., 16 cent.; larg., 25 cent.

DUPRÉ

(JULES)

28. *Intérieur de forêt.*

Au premier plan, un cours d'eau, puis, sur un tertre, un groupe d'arbres se détachant en silhouette sur le ciel.

Tableau d'une grande largeur d'exécution et très-monté de ton.

Haut., 73 cent.; larg., 90 cent.

DUPRÉ

(JULES)

29. *Groupe de grands arbres près d'une mare où viennent boire des animaux.*

Effet de soleil.

Haut., 31 cent.; larg., 40 cent.

EGUSQUIZA

(A.)

30. *Nonchalance.*

Haut., 21 cent.; larg., 13 cent.

FICHEL

31. *Une salle de lecture à la Bibliothèque, époque de Louis XVI.*

Composition d'un grand nombre de figures.

Salon de 1863.

Haut., 37 cent.; larg., 45 cent.

FROMENTIN

32. *Caravane traversant un gué.*

Une foule innombrable d'Arabes, les uns à cheval, les autres à pied, traversent un gué ; la tête de la caravane s'étend au loin dans la plaine. 26500 —

Tableau de premier ordre dans l'œuvre de l'artiste.

Daté 1869.

Haut., 71 cent.; larg., 1 m. 08 cent.

FROMENTIN

33. *La Halte.*

Une petite caravane s'est arrêtée près d'une habitation, les bagages ont été déposés à terre, on laisse reposer les chevaux à l'ombre d'un grand mur; les cavaliers, les uns debout, les autres couchés, causent entre eux.

Tableau très-fin et très-lumineux.

Daté 1872.

Haut., 31 cent.; larg., 41 cent.

GALLAIT

34. *Art et liberté.* 9500 —

Réduction du célèbre tableau qui faisait partie de la collection de *San Donato.*

Daté 1850.

Haut., 34 cent.; larg., 25 cent.

GÉNISSON

35. *Intérieur d'église.* 980 —

Daté 1842.

Haut., 1 m. 13 cent.; larg., 92 cent.

GÉROME

36. *Un gladiateur se préparant au combat, dans une arène, à Rome.*

Haut., 33 cent.; larg., 24 cent.

DE GROUX

37. *Pauvres gens.*

Par un temps de neige, au milieu d'une rue, de pauvres gens sont groupés autour d'un homme occupé à brûler du café et se chauffent à son fourneau.

Haut., 45 cent ; larg., 54 cent.

GROS

38. *L'Attente.* 700 —

Daté 1864.

Haut., 21 cent.; larg., 11 cent.

HEILBUTH

39. *L'Absolution du péché véniel, dans l'église de Saint-Pierre, à Rome.* 10500 —

Salon de 1865.

Haut., 89 cent.; larg., 1 m. 40 cent.

HEILBUTH

40. *Bergère de la campagne de Rome.*

Elle est entourée de ses moutons qui viennent brouter l'herbe qu'elle tient dans son tablier.

Figure à mi-corps.

Haut., 47 cent.; larg., 31 cent.

HEREAU

(JULES)

41. *Cour de ferme; la rentrée des foins.*

Haut., 31 cent.; larg., 40 cent.

HOGUET

42. *Vue de Paris : la rue Pirouette un jour de marché.* 800 —

Haut., 1 m. 11 cent.; larg., 77 cent.

HOGUET

43. *Vue de Paris.* 1550 —

Le pont Neuf, la Cité et les tours de l'église Notre-Dame; au premier plan, la berge du quai de la Monnaie.

Daté 1849.

Haut., 55 cent.; larg., 96 cent.

HOGUET

44. *L'Arrivée des pêcheurs, scène normande.*

Daté 1870.
Haut., 66 cent.; larg., 63 cent.

ISABEY

(EUGÈNE)

45. *La Défense d'un château.*

Toute la garnison est en armes; les cavaliers sont rangés en bataille sous les murs du château, les trompettes sonnent; le chef, l'épée au poing, donne le signal du départ; un corps de troupes descend la rampe qui conduit à la plaine.

Un feu de mousqueterie est déjà engagé du haut des tours crénelées.

Daté 1868.
Haut., 82 cent.; larg., 57 cent.

ISABEY

(EUGÈNE)

46. *Port sur la côte de Bretagne.* 2450 —

Tableau plein de mouvement et d'une belle couleur.

Daté 1860.

Haut., 53 cent.; larg., 72 cent.

JACQUE

(CHARLES)

47. *Intérieur d'un poulailler.* 2200 —

Le coq chante, des poules de toutes espèces sont groupées autour de lui ou sur les perchoirs.

Haut., 24 cent.; larg., 34 cent.

JACQUE

(CHARLES)

48. *Poules sur un fumier dans une basse-cour.*

Haut., 7 cent.; larg., 12 cent.

JETTEL

(E)

49. *Marécage.*

Daté 1871.

Haut., 43 cent.; larg., 74 cent.

JORIS

50. *Scène de mœurs espagnoles.* 2500 –

Des hommes et des femmes, assis sur un banc circulaire au bord d'une terrasse, regardent une jeune fille qui danse en s'accompagnant avec des castagnettes; sur le devant, un homme assis à terre joue de la mandoline.

Effet de plein soleil.

Haut., 41 cent.; larg., 69 cent.

KNAUS

51. *Le Joueur d'orgue.* 26000 –

Ce tableau est très-célèbre dans l'œuvre du peintre; il est remarquable par son grand accent de vérité.

Daté 1869.

Haut., 65 cent.; larg., 44 cent.

LAVIEILLE

52. *La Plaine de Barbizon.*

Effet de soir.

Daté 1854.

Haut., 19 cent ; larg., 30 cent.

LE POITEVIN

(EUGÈNE)

53. *Moulin hollandais au bord d'un cours d'eau.*

Daté 1839.

Haut., 38 cent.; larg., 50 cent.

LEYS

54. *Un Vieux bouquiniste allemand.* 1820 —

Intérieur pittoresque et plein de caractère.

Daté 1854.

Haut., 21 cent.; larg., 17 cent.

MADOU

55. *Un Vieux galant.* 3500 —

Intérieur de cabaret; scène flamande.

Daté 1847.

Haut., 40 cent.; larg., 30 cent.

MAKART

(H.)

56. *Jeune fille au piano.*

Daté 1871.

Haut., 82 cent.; larg., 35 cent.

MEISSONIER

57. *En attendant une audience.*

Un jeune seigneur, vêtu d'un élégant costume de l'époque Louis XIII, appuyé contre le manteau d'une grande cheminée, semble attendre l'heure d'une audience.

Tableau d'une superbe couleur et plein de caractère.

Daté 1869.

Haut., 26 cent.; larg., 17 cent.

MEISSONIER

58. *Blanchisseuses à Antibes.* 21000 —

Des femmes étendent du linge sur des cordes qui traversent une ruelle étroite de la vieille ville d'Antibes; la scène est éclairée par un soleil de midi et empreinte d'un grand accent de vérité.

Daté 1869.

Haut., 21 cent.; larg., 14 cent.

MICHAEL

(MAX)

59. *Un Moine peintre.*

Dans une grande salle de couvent qui lui sert d'atelier, un moine, assis sur une échelle, est en train de peindre une grande Assomption de la Vierge ; deux autres moines visitent ses cartons de dessins ; un troisième le regarde peindre.

Daté 1872.

Haut., 83 cent. ; larg., 56 cent.

MULLER

(CHARLES-LOUIS)

60. *Femme juive mauresque.*

Elle soulève une draperie et regarde par une fenêtre.

Figure à mi-corps.

Haut., 90 cent. ; larg., 69 cent.

MUNTHE

61. *L'Hiver.*

Une vaste plaine couverte de neige et de glace, éclairée par le soleil qui se couche à l'horizon dans la brume. Seul dans la plaine, un petit garçon traîne un panier placé sur un petit traîneau.

Daté 1872.

Haut., 55 cent.; larg., 99 cent.

MUNTHE

62. *Neige en forêt.*

Un petit paysan marche dans un sentier tenant des chiens en laisse; plus loin, les chasseurs.

Daté 1870.

Haut., 1 m.; larg., 83 cent.

PASINI

63. *Un marché au Caire.*

Composition très-pittoresque animée d'un grand nombre de figures.

Effet de pleine lumière.

Daté 1869.

Haut., 36 cent.; larg., 64 cent.

PASINI

64. *Une ville d'Orient.*

Un quai longeant la mer et au bord duquel sont amarrés des navires ; au fond, toute une ville. Le quai est animé par de nombreuses figures.

Daté 1868.

Haut., 33 cent. ; larg., 39 cent.

PETTENKOFEN

65. *Le Baiser par-dessus la haie.*

Un paysan valaque conduisant des chevaux s'est arrêté au bord d'une haie pour embrasser une jeune femme placée de l'autre côté.

Haut. 24 cent. ; larg., 29 cent.

PETTENKOFEN

66. *Petite fille slave allumant sa pipe.*

Haut., 16 cent.; larg., 10 cent.

PLASSAN

67. *Jeune femme à sa toilette.*

Haut., 8 cent.; larg., 6 cent.

RICHET

(LÉON)

68. *Paysage.*

Haut., 45 cent.; larg., 65 cent.

RICO

69. *La Seine à Poissy.*

Le petit bras de la rivière qui borde la promenade de Mignaux est couvert de barques et de bateaux de pêcheurs et animé de nombreuses figures.

Haut., 37 cent.; larg., 64 cent.

ROBERT-FLEURY

70. *Charles-Quint.*

L'empereur, retiré au monastère de Saint-Just, s'occupe d'horlogerie.

Daté 1856.

Haut., 56 cent.; larg., 43 cent.

RONNER

(HENRIETT)

71. *Trois chiens traînant un chariot plein de bois.*

Effet de matin.

Haut., 56 cent.; larg., 83 cent.

ROUSSEAU

(THÉODORE)

72. *Paysage.*

28000 —

Un cours d'eau traverse un paysage à demi boisé, un troupeau conduit par un paysan se dirige vers la rivière.

Il est impossible de trouver un tableau plus complet dans toutes ses qualités : composition, exécution, lumière, tout est parfait.

Haut., 41 cent.; larg., 61 cent.

ROUSSEAU

(THÉODORE)

73. *Chemin dans une forêt.*

Effet de soleil.

Haut., 21 cent.; larg., 14 cent.

ROUSSEAU

(PHILIPPE)

74. *Nature morte.*

Un seau émaillé bleu et or où flotte une bouteille débouchée ; des pêches, une bouteille de vin sur une tablette de marbre.

Un rouge-gorge est perché sur le bord du seau.

Daté 1855.
Haut., 53 cent., larg., 71 cent.

ROYBET

75. *Une Sortie.*

Les défenseurs d'une forteresse sortent, l'arbalète en mains, à la rencontre des ennemis. l'un d'eux porte un étendard sur l'épaule. 5000 —

Haut., 82 cent.; larg., 65 cent.

ROYBET

76. *L'Arrivée à l'audience.* 4550 —

Un jeune seigneur, vêtu d'un riche costume de l'époque de Louis XIII, entre dans une salle richement décorée; il salue en marchant.

Haut., 37 cent; larg., 25 cent.

SAINT-JEAN

77. *Nature morte : l'office.*

Dans un intérieur éclairé par une étroite fenêtre, du gibier et un vase plein de fleurs sur une console en bois sculpté, puis des raisins, des pêches, un melon, un pot contenant un fraisier posés sur des tablettes.

Daté 1854.

Haut., 1 m. 30 cent.; larg., 1 m. 07 cent.

SANZ

78. *Causerie.*

Haut., 32 cent.; larg., 23 cent.

SCHLEICH

(ED.)

79. *Troupeau passant un gué.* 1350 —

Effet de soleil couchant.

Haut., 37 cent.; larg., 87 cent.

SCHREYER

80. *Maréchal-ferrant; scène hongroise.*

Chevaux et voitures sont arrêtés devant la chaumière d'un maréchal ferrant située à l'entrée d'un bois. 6820 —

Daté 1860.

Haut., 66 cent.; larg., 1 m. 32 cent.

SCHREYER

81. *La Halte; scène hongroise.*

Un chariot attelé de huit chevaux et accompagné de deux cavaliers est arrêté à la porte d'une chaumière, dans un chemin encaissé de collines.

Daté 1858.

Haut., 67 cent. : larg., 1 m. 31 cent.

SCHREYER

82. *Cavalier en vedette, par un temps de neige.*

Haut., 21 cent.; larg., 16 cent.

SWERTSCHKOW

(N. DE)

83. *Attelage russe.*

Un traîneau attelé de trois chevaux traverse une plaine couverte de neige, on aperçoit au second plan des chasseurs et des chiens.

Effet de soleil couchant.

Haut., 1 m. 27 cent.; larg., 1 m. 03 cent.

TRAYER

84. *Travailleuses bretonnes.*

Trois jeunes Bretonnes sont assises à terre dans une grange, une quatrième debout se penche et regarde leur travail : elles cousent des vêtements d'homme

Haut., 50 cent.; larg., 42 cent.

TROYON

85. *Pâturage de Normandie.*

Au premier plan deux vaches; l'une couchée, l'autre debout, près d'un groupe d'arbres; un chien noir, puis un berger vêtu d'une blouse blanche et coiffé d'un chapeau de paille; au second plan à droite, une chèvre montant sur un tronc d'arbre coupé, au loin des bestiaux épars dans la prairie.

Tableau capital.

Haut, 96 cent; larg., 1 m. 29 cent.

TROYON

86. *Le Retour.*

Deux chevaux revenant du labour; un paysan est monté sur l'un d'eux.

Paysage inachevé.

Vente *Troyon*, n° 52.

Haut., 72 cent.; larg., 90 cent.

TROYON

87. *Le Chemin du marché.*

Une paysanne, montée sur un âne chargé de paniers de légumes, chemine à travers une plaine.

Au loin quelques figures de faneuses.

Haut., 64 cent.; larg., 53 cent.

TROYON

88. *Deux vaches à l'étable.*

Étude.

Haut., 23 cent.; larg., 34 cent.

VAN MARCKE

89. *Vaches dans une prairie.*

Effet de soleil par un temps gris.

Haut., 32 cent.; larg., 40 cent.

VAUTIER

90. *La Rixe apaisée.*

Après une dispute dans un cabaret, les combattants ont été séparés, parents et amis cherchent à les calmer, un agent de police écoute le récit que lui font les témoins de la querelle, des jeunes filles éplorées se sont réfugiées dans un coin de la salle, les chaises ont été renversées, les verres et les bouteilles cassées; rien ne manque à cette scène si bien exprimée, si bien rendue par l'artiste.

38000 —

Salon de 1869.

Haut., 83 cent.; larg., 1 m. 14 cent.

VAUTIER

91. *Les Enfants du peintre.*

Un petit garçon et une petite fille ont endossé des costumes qu'ils ont trouvés dans un atelier.

Daté 1869.

Haut., 29 cent.; larg., 24 cent.

VERBOECKHOVEN

92. *Pâturage flamand.*

Une vache debout, puis des moutons et un bélier couchés; plus loin, près d'un petit bois, le berger endormi. Le ciel annonce la pluie.

Daté 1848.

Haut., 65 cent.; larg., 89 cent.

VERBOECKHOVEN

ET

ORTMANS

93. *Paysage et animaux.* 560 —

Un troupeau de moutons est épars dans un terrain de sable et de bruyère accidenté de rochers.

Signé A. Ortmans, 1854 et Eug. Verboeckhoven, figures et animaux.

Haut., 55 cent.; larg., 76 cent.

VIBERT

94. *Moine et contrebandier.*

Un moine et un contrebandier espagnols, couchés sur l'herbe à l'entrée d'un bois, devisent sur la qualité d'une bouteille déjà fort entamée; deux autres bouteilles vides gisent à terre.

Les ânes qui leur servent de montures sont arrêtés à quelque distance dans le bois.

Daté 1867.

Haut., 60 cent.; larg., 90 cent.

VIBERT

95. *Le Couvent sous les armes; Espagne en 1811.* 11600 —

Composition pleine d'esprit et d'entrain.

Salon de 1868.

Haut., 45 cent.; larg., 53 cent.

WERNER

96. *Un Soldat de l'armée du Grand Frédéric.* 2000 —

Haut., 17 cent.; larg., 11 cent.

ZIEM

97. *Vue de Venise au coucher du soleil.*

Au premier plan, l'église Sainte-Marie-Majeure; au fond, le palais des doges, le campanile de la place Saint-Marc et le Grand canal.
Effet de soir.

Ce tableau qui est de la plus belle qualité faisait partie de la collection E. Fould.

Haut., 83 cent. ; larg., 1 m. 16 cent.

ZIEM

98. *Le Grand canal en plein midi.*

10300 —

Le palais des doges, la Piazetta et le quai des Esclavons occupent tout le côté gauche du tableau ; à droite, une foule de navires à l'ancre parmi lesquels on voit le *Bucentaure.*

Haut., 82 cent.; larg., 1 m. 20 cent.

ZIEM

99. *Paysage maritime.*

La lumière éclatante du soleil inonde le ciel, la terre et les eaux ; seule, la voile d'un bateau se détache en silhouette sur le ciel.

Tableau d'une grande simplicité, mais d'une qualité bien remarquable.

Haut., 34 cent. ; larg., 47 cent.

ZUCCOLI

(LUIGI)

100. *Enfants faisant des bulles de savon.*

Scène italienne.

Haut., 39 cent. ; larg. 33 cent.

Liebermann (Adolphe)

COLLECTION

DE M. LE CHEVALIER

ADOLPHE LIEBERMANN

EXTRAIT DU *JOURNAL OFFICIEL*

DU 11 AVRIL 1876

COLLECTION

DE M. LE CHEVALIER

ADOLPHE LIEBERMANN

Voici une collection de modernes vraiment belle, formée avec un goût affiné, d'un caractère artistique, et complète, autant du moins qu'il est raisonnable de le rêver à une époque aussi féconde que la nôtre en peintres de mérite. On n'a qu'à la parcourir d'un premier coup d'œil pour savoir qu'on a affaire à un amateur expert, difficile dans ses choix et décidé avant toutes choses à jouir de ce qu'il achète. En outre donc de leur valeur intrinsèque, les cent toiles de la galerie Liebermann représentent encore une inappréciable somme de joies perçues, d'espérances satisfaites et d'allégresses intellectuelles; elles ont déjà rempli une partie de leur mission charmante, elles ont donné la fleur de leurs heureuses visions. On peut dire d'elles, comme de ces belles jeunes filles devenues jeunes femmes, qu'elles semblent plus belles encore d'avoir été aimées. Si les livres sont nos amis, les tableaux sont nos rêves; leurs cadres d'or nous ouvrent les édens fleuris et les mirages consolants par où nous échappons à la vie réelle. La maison de M. Adolphe Liebermann avait cent portes sur l'idéal.

Avec *Eugène Delacroix*, par exemple, il habitait l'âme de lord Byron; il pouvait vivre aussi longtemps et aussi souvent qu'il lui plaisait dans l'une de ses plus ardentes créations, le Giaour. *Delacroix* a beaucoup aimé le Giaour; il a entrepris maintefois d'en transposer dans son art la superbe couleur orientale et la passion. *La mort d'Hassan* suffirait à prouver à ceux qui l'ignoreraient encore à quel degré de profondeur et avec quelle parité de génie il pénétrait dans l'intimité des grands poëtes. Byron eût reconnu sa scène comme Gœthe reconnaissait son Faust dans les compositions du peintre. Sur le bord même de l'abîme, au pied de ce sauvage Liakura, « où les vautours aiguisent leurs becs », l'époux de Leila, la perfide, est étendu sans vie et les yeux grands ouverts. Il est encore vêtu de sa palampore fleurie, et son poignard est passé dans sa ceinture brodée de pierreries. Son cheval mort gît sous la montagne et dans le sentier qui l'escalade on voit s'enfuir ses meurtriers. L'orage noircit le ciel de ténèbres romantiques, et, sur la mer, au fond, à la pointe d'un cap, une ville incendiée profile ses langues de fumée lointaine. La scène est d'un effet tragique et byronien, et, comme les conceptions entièrement réalisées, elle se fixe dans l'esprit pour ne plus en sortir.

La *Chasse aux lions* est plus belle encore, et *Delacroix* n'y relève que de sa propre imagination. Le peintre ici triomphe seul. Il n'est pas très-aisé de décrire un pareil tableau, pêle-mêle effrayant de croupes, de torses, de dents, de griffes et d'armes à faire reculer Rubens lui-même. Le drame a lieu dans un petit bois, oasis à la verdure éclatante, sous un ciel torride. Un lion et sa lionne sont aux prises avec des chasseurs turcs. A gauche, le lion, gueule béante, griffes tendues et le flanc déchiré, terrasse un cavalier qui tombe de cheval; tous deux s'abattent broyés par le poids formidable. C'est un entassement bariolé de chairs et d'étoffes que le lion, dans une pose superbe de faune contracté, domine. Au centre, dressé sur son cheval blanc qui, lui-même, se cabre dans toute sa hauteur, un autre chasseur cherche à enfoncer son yatagan, tordu comme une flamme, dans la gorge pantelante de l'animal. Au-dessous, un Turc, vêtu d'écarlate, le sabre recourbé au poing, rampe au secours d'un troisième cavalier que la lionne ne laisse pas oisif; la terrible femelle a bondi sur la croupe bleuâtre de sa monture, qui se tord en hurlant de douleur. Ce cavalier, embarrassé dans les plis flottants de son manteau, se retourne et brandit un pieu au-dessus du cou de la lionne. Mais celle-ci ne périra pas sans gloire, et un chasseur, étendu sans vie au premier plan et serrant encore son infidèle carabine, atteste la vaillance et la force de la bête. On voit, au fond, d'autres chasseurs qui descendent la butte au grand trot et s'appellent. L'effet de cette chasse est saisissant. Sans doute *Delacroix* a cherché surtout à y mettre en œuvre son beau génie de coloriste; tout ce groupe d'hommes et de bêtes flamboie au soleil, mais quelle verve aussi dans l'exécution, quelle science profonde du fauve, quelle habileté dans la disposition de ces entremêlements furieux, et quelle émotion énergique obtenue par le seul art de peindre !

Pour nous reposer les yeux de cette incandescente vision, adressons-nous à *Théodore Rousseau* sans crainte de déroger, car celui-là aussi est un grand maître. Dans quel paradis va nous transporter l'enchanteur? C'est le matin ; le ciel, où courent quelques nuages, est limpide, transparent et profond; l'air vibre aux premières chaleurs du soleil, un beau jour se lève sur cette large vallée que double le miroir d'une rivière sinueuse au cours paisible et dormant. Elle serpente ainsi et semble s'étirer à la fraîcheur matinale, puis elle tourne un petit bois et disparaît sur la droite. Prenons pour la rejoindre ce chemin gazonneux qui vient droit à nous ; enjambons ses flaques et ses ornières et nous atteindrons bientôt ce troupeau de belles vaches rousses qui vont y boire sous la conduite de leur gardien. Elles sont toutes dorées par la fine lumière où elles baignent. Sur la gauche quelques rochers gris semblent défendre les abords d'une petite mare mystérieuse qu'encadre la verdure, et de l'autre côté un léger bouquet d'arbres, plantés sur une éminence, fixe le point de vue d'où il convient le mieux de contempler le panorama. Quel *Paysage* que celui-là ! et comme il faut aimer et sentir la nature pour en rendre ainsi la ressemblance jusqu'à l'illusion et la poésie jusqu'au chef-d'œuvre.

Avec *Decamps* nous passons à la fantaisie historique et

nous sautons d'un bond en plein moyen âge. A l'assaut de quel nid de vautours s'en va-t-elle cette *Armée en marche?* Quelle querelle vont vider ces preux chevaliers bardés de fer et hérissés de lances? C'est un ravin sinistre que celui qu'ils traversent. Sont-ils bien sûrs que ce fantastique pont, tout blanc sur le couchant, taché comme un voile sanglant, n'est pas l'artifice de quelque sorcier et qu'il ne va pas s'évanouir sous la charge? L'*Armée en marche* est une étrangeté dans l'œuvre de Decamps; il est supposable qu'il l'exécuta sous une influence passagère de Salvator Rosa ou d'Aniello Falcone.

Que M. *Meissonier* nous mène où il lui plaira, nous le suivrons toujours, que ce soit dans l'antichambre du cardinal de Richelieu, où un jeune courtisan, dans un costume d'apparat, — habit rouge brodé, écharpe dorée, bas de soie violacée et culotte de satin puce, — se tient debout, les jambes croisées et les mains jointes, en attendant audience. Quelle grâce vient-il solliciter? Sur sa bonne mine on lui confierait un régiment ou le gouvernement d'une province. Opulence de coloris, perfection de dessin, caractère et exactitude, nous allions ajouter ressemblance, il a tout pour lui, M. Meissonier lui a tout donné. Mais ne quittons pas ce maître charmant, surtout quand il nous emporte aux pays du soleil, là où le citronnier mûrit. Nous voici à Antibes. Tous ceux qui ont l'honneur de connaître M. Meissonier savent quelle influence a eue sur son talent le voyage qu'il fit à Antibes il y a quelques années. Les études qu'il en rapporta sont comme imprégnées de lumière; en voici une d'une sincérité étonnante; elle représente une de ces rues à arcades et à escaliers, étroites et ombreuses, où les Arabes ont laissé leur génie pittoresque. Sur des cordes tendues, deux lavandières (blanchisseuses étant familier, dit V. Hugo), suspendent leur linge au soleil, un soleil de midi, qui éclate sur la brique des murailles et la tuile des toitures. Elles sont fines comme l'ambre, ces deux braves Antiboises, et hautes comme le petit doigt; mais l'artiste semble avoir ce privilége que plus ses personnages sont réduits plus il les traite largement. On resterait à lézarder devant ce tableau ensoleillé qui changerait un boursier en lazzarone.

D'Antibes en Algérie, à travers la Méditerrannée, la voix de M. *Fromentin* nous appelle. Ne tardons plus et chevauchons avec cette *caravane* qui passe un gué. Sous un ciel nuageux, elle serpente entre deux mamelons et se perd à l'horizon, longue file d'hommes et de bêtes. Quel fourmillement! Le désert étincelle. C'est le commencement du pélerinage; il est probable qu'ils n'arriveront pas à la Mecque dans cet état de fraîcheur et de propreté resplendissante. A droite, près d'un bouquet d'oliviers, une troupe de femmes esclaves, blanches et noires, il y en a pour tous les goûts, pieds nus et vêtues d'étoffes brillantes, traversent le gué en portant des paquets. A gauche, des cavaliers mêlés à d'autres esclaves marchent pêle-mêle. Tous les premiers plans sont peuplés par cette arrière-garde, et le tableau commence où la caravane finit. Mais d'un bout à l'autre de la file, les communications ne sont point interrompues, et voici un cavalier qui coupe au grand galop la plaine et tire une ligne droite à travers les deux courbes de l'S. Dans la nappe d'eau transparente où le sable miroite, clapotent des pieds nues et des sabots de cheval, et tout cela pétille de couleur et de mouvement. Jamais sujet plus pittoresque n'a inspiré meilleur peintre. Dans ce beau poëme du désert on ne chantera jamais avec plus de virtuosité le chant religieux et grandiose de la caravane. Mais l'un des plus charmants épisodes de ce poëme, c'est l'idylle des longs repos à l'ombre fraîche. Est-ce aux portes d'Alger qu'elle s'est arrêtée, la petite troupe de voyageurs, pressée sous la muraille d'une hôtellerie? Mulets et chevaux dorment côte à côte, béatement enveloppés et baignés par l'obscurité transparente, tandis que leurs cavaliers, en diverses attitudes, causent entre eux gravement de l'espace parcouru ou des êtres chers qui les attendent. D'une grande vérité locale, cette *Halte* est encore peinte finement et par touches légères, expressives et pétillantes d'esprit et de couleur.

Et maintenant où va nous transporter le Diable Boîteux qui nous mène? Une *Forêt* luxuriante et superbe ouvre sur notre tête les arcs de sa nef oscillante. Le soleil filtre par les ramures, caresse les troncs noueux, et sème les gazons de sequins d'or et de paillettes. Est-ce cette monnaie impalpable et chimérique que ramassent les pauvres femmes courbées sur les bois morts, au bord de la mare aux eaux dormantes? On se laisserait tromper à moins, et *Diaz* est un grand magicien. Mais fermez les yeux un moment, et vous allez les rouvrir sur une autre partie de la forêt, mystérieuse et profonde. Avec quelle vigueur ils se détachent sous l'obscurité dense du sous-bois, ces chênes et ces hêtres séculaires, modelés en relief et comme ciselés dans les moindres fibres de leur écorce. On entend la sève y courir, on y sent palpiter la vie végétative. Inébranlablement fixés dans le sol granitique par les mille ancres de leurs racines, ils bravent tempêtes et typhons ; et le vent, qui balaie dans le ciel les nuées éperdues, ébranle à peine leurs cimes. Il n'est pas besoin de demander quel maître a signé cette page de peinture large, colorée et puissante. Dans l'épaisseur même de la pâte, comme les amoureux dans celle du bois, gravons le nom de *Jules Dupré.*

Cet homme en bure blanche, assis dans une cellule monastique, dont le mur n'est orné que d'une grande croix noire, et qui, le front appuyé sur la main, regarde le spectateur et semble lui demander le mot d'une énigme, c'est *Charles-Quint à Saint-Just.* Devant lui, sur une table couverte d'un tapis rouge, une horloge est placée; l'empereur la répare; le problème qui agite ce puissant cerveau est une difficulté de mécanique. O contraste des choses, ô anthithèses de l'esprit humain! Ne dirait-on pas la mise en œuvre d'une légende des siècles inédite de Victor Hugo. M. *Robert-Fleury* aime ces légendes historiques et il les traite en penseur et en peintre.

On sait avec quelle supériorité M. *Knauss* représente les scènes de la vie des bohémiens, des vagabonds et des pauvres diables. Il s'en est fait une spécialité que ses imitateurs lui disputent encore inutilement. *Le Joueur d'orgue* de Barbarie passe à bon droit pour l'une des pièces les plus réussies de son œuvre. Un grand drôle, râpé et dépenaillé, vêtu d'une veste incolore usée par le soleil et la pluie, d'un pantalon échancré et laissant voir les bas bien au-dessus de la cheville, coiffé d'une casquette verte et le col étranglé par un cache-nez de laine noire, parcourt les rues en tournant sa manivelle. Il lève sa figure rieuse vers les fenêtres d'alentour et semble appeler du regard cette grêle de sous qui serait sa rosée. D'ailleurs, ce sacripant a la misère heureuse, et s'il ne trouve pas d'argent pour s'acheter du pain, il en trouve pour acheter des roses. Son moulin à musique est fleuri d'un bouquet; il en a même laissé tomber quelques fleurs à terre pour faire croire, le bon virtuose, qu'on les lui a jetées des fenêtres comme aux ténors à la mode. Attitude, expression et caractère, tout est charmant dans ce tableau, de la plus fine observation et de la touche la plus ferme. C'est l'un des joyaux de la Collection.

Comme M. *Knauss*, M. *Vautier* appartient à l'école de Dusseldorf. Son tableau la *Rixe apaisée* a eu la chance et l'honneur d'être décrit et apprécié par Théophile Gautier dans son Salon de 1869. Nous ne pouvons donc mieux faire que de laisser la parole au maître. « Une querelle s'est élevée dans un de ces cabarets de la Prusse rhénane ou de la Forêt-Noire qui fournissent de si excellents fonds aux scènes de genre avec leurs tables et leurs bancs de chêne, leurs dressoirs chargés de vaisselles, de chopes et de vidrecomes, leurs grands poêles et leurs fenêtres festonnées de houblon. Des injures ont été échangées, des coups de poing donnés et reçus, les femmes ont poussé des cris lamentables et les esprits conciliants se sont interposés. Un des combattants est assis à une table qu'il frappe de son verre, la figure encore enflammée de fureur, vaincu mais non convaincu. Dans le fond, des amis font des raisonnements à l'adversaire, et près du poêle s'est réfugié le groupe des jeunes filles et des vieilles femmes. M. *Vautier* a, comme Hogarth, un sentiment très-juste de la mimique, et il met admirablement en scène ses petits drames, mais il peint beaucoup mieux que l'humouriste anglais et il ne force jamais l'expression jusqu'à la caricature. La *Rixe apaisée* est un excellent tableau qui se soutiendrait à côté d'un Wilkie. » (Théophile Gautier, *Journal officiel* du 25 juin 1869).

Si rien n'est préférable, comme semble le chanter le joueur d'orgue de Knauss, au plaisir de revoir sa Normandie, c'est surtout avec un guide comme *Troyon* que l'excursion est agréable. On ne décrit guère un paysage de Troyon; on jouit silencieusement de l'illusion qu'il donne. Le ***Pâturage normand*** de la Collection est un de ces tableaux larges, simples et vrais comme la nature même, devant lesquels on oublie de chercher la main de l'homme et la signature d'un artiste. La rêverie s'épand, pour ainsi dire, dans toute l'étendue du site, et l'âme s'y promène satisfaite. Ce n'est qu'au réveil que l'on songe à se rendre compte de tout cet art magistral, et l'on reste longtemps encore à étudier le ciel profond et clair, les herbages drus, les lointains verdoyants et ces magnifiques génisses qui, d'un siècle à l'autre, mugissent sympathiquement à celles d'Albert Cuijp.

Venise, perle de l'Adriatique et capitale de la poésie moderne, tu n'es pas une création chimérique du peintre *Ziem*. Tu existes réellement et jamais tu n'as été portraiturée avec plus de ressemblance et de vérité que dans ce tableau de la première manière de ton peintre ordinaire. Jamais il n'a mieux saisi que dans ce *Soleil couchant* tes tons de nacre, tes transparences roses, tes turquoises et tes saphirs et toutes les fines diapreries de ta couleur orientale. Pour bien peindre Venise, nous disait un artiste voyageur, il faut d'abord se calmer. M. *Ziem* sans doute connaissait la recette et il l'a employée dans ce tableau ; aussi est-ce l'un de ses chefs-d'œuvre.

L'*Armée en marche* de *Decamps* semble faite à plaisir pour attaquer le *Château* de M. *Isabey*. Ce château se profile sur un ciel frangé d'écarlate et de pourpre, c'est un de ces donjons moyen âge, crénelés, massifs, gothiques, qui dominent la plaine du haut d'un rocher à pic sur l'abîme. Sur l'esplanade du rempart intérieur un gros de soldats défile devant son seigneur qui, à cheval, tête nue et tout cuirassé, les salue de l'épée et leur indique l'ennemi. Derrière les héraults, richement costumés et qui sonnent de la trompe à pleins poumons, la cavalerie est massée sous la haute muraille. Cette fantaisie éclatante de coloris et de mouvement est enlevée par touches alertes, mordantes, avec un brio entraînant.

Elle est d'un sentiment exquis et d'une pénétrante poésie, la *Faneuse* que M. *Jules Breton* nous montre, vêtue d'un corsage blanc, d'une jupe brune recouverte d'un tablier bleu, coiffée d'un foulard rouge, occupée à retourner l'herbe fauchée avec le rateau ; sa jolie tête pensive est empreinte de cette mélancolie grave dont l'artiste revêt toutes ses créations et qui est la dominante de son beau talent.

Un vieux bouquiniste allemand est le titre d'un petit cadre ou *Leys* a résumé toutes les recherches de sa seconde manière; recherches de clair-obscur avant tout, influencées de Pieter et Hooch et de Nicolas Maas; l'œuvre est précieuse et rare et elle soutiendrait toute comparaison avec les intérieurs de l'Ecole hollandaise. Nous aimons beaucoup aussi le *Cabaret* de M. *Madou*; c'est une petite scène pleine de caractère, savamment peinte et où la bonne humeur flamande a mis son sceau de sincérité.

S'il fallait attribuer un maître à M. *Makart*, nous nommerions M. Stevens; sa *Jeune fille au piano*, absolument vue de dos, est une étude fort originale et grassement brossée qui a l'intérêt d'une trouvaille. Les deux ouvrages de M. *Roybet*, *Une sortie* et l'*Arrivée à l'audience* peuvent être acceptés pour d'excellents spécimens de la manière fine et distinguée de ce coloriste, dont le talent s'affirme de jour en jour. Quoique de proportions inusitées, ou plutôt abandonnées depuis par le peintre, *Moine et contrebandier* est un tableau fait pour asseoir la réputation de dessinateur spirituel et inventif que s'est conquise M. *Vibert*. Le *Couvent sous les armes* est l'une des premières productions de l'artiste qui aient fondé cette réputation. Le public parisien, qui lui avait fait fête au salon de 1868, la reverra passer avec plaisir, ainsi que l'*Absolution du péché véniel* de M. *Heilbuth*, l'une des plus originales créations de maître à la mode.

Au propre et au figuré terminer par *Saint-Jean* c'est terminer par le bouquet. L'*Office* est une nature morte de la plus belle qualité de ton, au coloris harmonieux et frais, où les objets sont délicieusement groupés pour se faire valoir et flatter les yeux. Dans ce genre, *Saint-Jean* n'a pas de maître, et il rivalise sans leur ressembler avec Van Spaendonck, Van Huysum et les plus habiles portraitistes de fleurs et de fruits.

Emile BERGERAT.

PARIS. — TYPOGRAPHIE PILLET FILS AINÉ
5, rue des Grands-Augustins, 5

www.ingramcontent.com/pod-product-compliance
Ingram Content Group UK Ltd.
Pitfield, Milton Keynes, MK11 3LW, UK
UKHW021427270726
13993UKWH00007B/1060

9 782329 538228